AF382218

PAIDEIA
ÉDUCATION

JOSEPH BÉDIER

Le Roman de Tristan et Iseut

Analyse littéraire

22 rue Gabrielle Josserand - 93500 Pantin.

ISBN 978-2-7593-0339-7

Dépôt légal : Septembre 2023

Impression Books on Demand GmbH

In de Tarpen 42

22848 Norderstedt, Allemagne

SOMMAIRE

• Biographie de Joseph Bédier..................................... 9

• Présentation du *Roman de Tristan et Iseut*................ 13

• Résumé du roman.. 17

• Les raisons du succès.. 29

• Les thèmes principaux... 35

• Étude du mouvement littéraire................................ 41

• Dans la même collection... 45

BIOGRAPHIE DE
JOSEPH BÉDIER

Le Roman de Tristan et Iseut n'a pas été écrit par un auteur à proprement parler.

D'une manière générale, il est délicat d'employer le terme d' « auteur » pour évoquer un texte du Moyen Âge. En effet, l'auteur médiéval représente davantage une personne fictive stéréotypée plutôt qu'un auteur tel qu'on le conçoit aujourd'hui avec une biographie exacte. Au Moyen Âge, l'œuvre n'est pas le résultat d'un auteur authentifié et unique. Les œuvres sont sans cesse remaniées par des jongleurs, des copistes ou des clercs, ce qui explique l'anonymat d'un grand nombre de textes médiévaux.

Le Roman de Tristan et Iseut n'existait pas tel quel au Moyen Âge ; il s'agit d'une reconstitution purement moderne de la légende. En effet, entre 1900 et 1905, Joseph Bédier, critique littéraire, philologue et grand spécialiste de la littérature médiévale, a entrepris de reconstituer un roman « complet » de la légende de Tristan et Iseut en mettant de l'ordre dans l'ensemble des textes médiévaux portant sur celle-ci et en les regroupant de manière unifiée.

Pour composer *Le Roman de Tristan et Iseut*, Joseph Bédier s'est donc appuyé sur les différents textes du Moyen Âge dont il disposait à la fin du XIXe siècle.

On ne peut pas véritablement parler d'un texte « original » de la légende de Tristan et Iseut, mais on attribue à celle-ci des origines celtiques. Tout d'abord, un poème a existé dans la tradition orale avant que des versions écrites de la légende aient été recueillies par des trouvères dans des langues différentes.

Les premières versions écrites de la légende ayant été conservées, qu'on peut qualifier de romans ou de récits brefs, sont les célèbres versions de Béroul et de Thomas d'Angleterre, datant de la fin du XIIe siècle. Le *Tristan* du normand Béroul, appelé généralement « version commune », est datée d'environ 1180, tandis que la version de Thomas d'Angleterre, appelée « version courtoise », a sans doute été composée entre 1772 et 1775. Des récits de Béroul et de Thomas, il ne nous reste que des fragments, tous deux nous ayant été transmis sous une forme très mutilée.

D'autres textes brefs narrant des épisodes où Tristan se déguise en fou pour approcher Iseut, sont connus aujourd'hui sous le titre de *Folie de Berne* et *Folie d'Oxford*.

À ces deux fragments s'ajoute également le lai de Marie de France intitulé le *Lai du Chèvrefeuille*, composé entre 1160 et 1180, dans lequel les rencontres secrètes entre Tristan et Iseut sont traitées.

L'absence quasi-totale de données biographiques à propos de Béroul, Thomas d'Angleterre et Marie de France explique l'incertitude sur les dates auxquelles les récits ont été composés.

À côté des récits versifiés, une version de la légende a été écrite en prose au XIIIe siècle : Le *Tristan en Prose*.

Des versions étrangères également ont été produites, permettant d'étoffer le contenu de la légende (par exemple : *Tristrant* composé entre 1170 et 1190 par le poète allemand Eilhart von Oberg ou *Tristan und Isolde* écrit vers 1210 par le poète allemand Gottfried von Strassburg).

Même si beaucoup d'auteurs ont écrit au sujet de Tristan et Iseut, l'essentiel de la création littéraire a été produite au XIIe siècle.

PRÉSENTATION DU ROMAN DE TRISTAN ET ISEUT

Le Roman de Tristan et Iseut, sous cette forme qu'on pourrait qualifier de « complète », n'existait pas tel quel au Moyen Âge ; il s'agit d'une réécriture moderne de la célèbre légende médiévale du couple Tristan et Iseut qui a été élaborée par Joseph Bédier entre 1900 et 1905. Mais la légende des deux amants de Cornouailles trouve son origine textuelle dans divers fragments de l'époque médiévale, notamment ceux de Béroul et de Thomas d'Angleterre datant du XIIe siècle, ou encore le *Lai du Chèvrefeuille* de Marie de France, qui comptent parmi les textes les plus célèbres.

L'histoire de Tristan et Iseut est avant tout une histoire d'amour et de mort. Une violente passion causée par l'absorption d'un philtre magique les unit à jamais dans la vie et jusque dans la mort. Leur amour est une source continuelle de souffrance durant leur vie, leur faisant endurer diverses épreuves. Les amants évoluent dans un monde imprégné de merveilleux et de féerie, où la nature joue un rôle fondamental, se faisant tantôt protectrice et bienfaitrice, tantôt hostile et funeste vis-à-vis du couple.

RÉSUMÉ DU ROMAN

1. Les enfances de Tristan

Rivalen, roi de Loonois, vient aider le roi Marc de Cornouailles à combattre ses ennemis. En récompense, Marc offre à Rivalen la main de sa sœur, Blanchefleur. Une fois mariés et retournés sur les terres de Loonois, Rivalen est tué au combat et Blanchefleur donne naissance à Tristan avant de mourir elle aussi, de chagrin. Le maréchal Rohalt recueille Tristan et l'élève comme son propre fils. Mais un beau jour, Tristan se retrouve emporté sur la nef de marchands norvégiens. Ceux-ci finissent par délivrer Tristan en le laissant dériver sur une barque. Une fois accosté, ce dernier rencontre des chasseurs qui l'amènent au château de Tintagel auprès du roi Marc. Après de nombreuses recherches, Rohalt retrouve Tristan à Tintagel et apprend au roi que celui-ci est en réalité son neveu. Grâce à l'aide du roi Marc, Tristan parvient à récupérer sa terre. Il lègue celle-ci à Rohalt et décide de rester au service du roi Marc.

2. Le Morholt d'Irlande

Chaque année, le roi d'Irlande envoie le redoutable chevalier Morholt auprès du roi Marc pour réclamer le tribut qui lui est dû. Le Morholt propose de lever le tribut si un chevalier est prêt à le battre en duel. Tristan décide de relever le défi et sort vainqueur du combat, ayant mis à mort son adversaire. Cependant, Tristan est grièvement blessé. Sur le point de mourir, il demande au roi Marc de le déposer sur une barque et de le laisser voguer ainsi sur la mer. Au bout de sept jours, Tristan se retrouve au port de Weisefort, où gît le Morholt. Il est amené auprès d'Iseut la Blonde, la nièce du Morholt, qui s'emploie à soigner Tristan sans savoir qui il est. Une fois guéri, celui-ci prend la fuite et retourne auprès du roi Marc, de peur d'être reconnu par les proches du Morholt.

   3. La quête de la Belle aux cheveux d'or

   Jaloux de la gloire de Tristan, les barons pressent le roi Marc de prendre pour épouse une fille de roi, afin d'empêcher Tristan de devenir l'héritier de Marc. Celui-ci accepte finalement de prendre pour épouse la femme blonde dont un cheveu d'or a été déposé dans sa chambre par deux hirondelles. En pensant à Iseut la Blonde, Tristan s'engage à ramener auprès du roi Marc la femme aux cheveux blonds. C'est ainsi que Tristan et son équipe de chevaliers débarquent au port de Weisefort, se faisant passer pour des marchands. Tristan apprend alors qu'un dragon enlève chaque jour une jeune fille et que le roi d'Irlande donnera la main de sa fille, Iseut la Blonde, à celui qui parviendra à tuer le monstre. Tristan décide de relever le défi et parvient à mettre à mort le dragon. Il lui coupe la langue pour l'apporter au roi, mais s'évanouit à cause du venin dégagé par celle-ci. Le chevalier Aguynguerran le Roux, convoitant également Iseut, découvre alors le dragon mort et lui coupe la tête afin de faire croire au roi que c'est lui qui a tué le dragon. Iseut, se doutant de la supercherie, se rend au repaire du monstre et découvre Tristan toujours inanimé, qu'elle ramène au château. Tout en soignant Tristan, Iseut découvre qu'il est également le meurtrier du Morholt, grâce à son épée ébréchée dont un fragment s'était brisé dans le crâne du Morholt. Iseut, aveuglée par la colère, veut tuer Tristan pour le punir de son crime, mais celui-ci parvient à la convaincre de l'épargner. Le jour de l'assemblée des barons, Iseut présente Tristan à son père, lui montrant la langue du dragon, preuve de son exploit. Le roi d'Irlande offre alors sa fille à Tristan qui lui explique qu'il était venu chercher la main d'Iseut pour son oncle, le roi Marc. Iseut est déçue d'apprendre qu'elle a été conquise pour un autre que Tristan.

4. Le philtre

La mère d'Iseut prépare un breuvage magique qu'elle confie à Brangien, la servante d'Iseut, afin qu'elle le fasse boire au roi Marc et à Iseut. Il s'agit d'un philtre d'amour suscitant l'amour éternel dans la vie et dans la mort de ceux qui le boivent ensemble. Sur la nef les ramenant en Cornouailles, une servante donne à Tristan et Iseut le fameux breuvage pour étancher leur soif, prenant celui-ci pour du vin. Brangien arrive trop tard, et comprend alors la catastrophe venant de se produire. Tristan et Iseut sont alors rapidement en proie à une passion irréversible l'un pour l'autre. Malgré la mise en garde de Brangien sur les conséquences du breuvage, ils cèdent à leur passion au bout du troisième jour de la traversée en mer.

5. Brangien livrée aux serfs

Le roi Marc est ébloui par la beauté d'Iseut ; le mariage est célébré. Lors de la nuit de noces, Brangien prend la place d'Iseut dans le lit conjugal afin de cacher le déshonneur de celle-ci. De peur que Brangien ne dénonce l'amour de Tristan et Iseut, cette dernière demande à deux serfs d'emmener la servante dans la forêt, de la tuer et de lui ramener sa langue. Une fois dans la forêt, les serfs ont pitié et épargnent Brangien; ils l'attachent à un arbre et tuent un chien à la place, ramenant à Iseut la langue de celui-ci. La jeune fille regrette sa décision et traite les serfs de meurtriers. Ceux-ci avouent qu'en réalité ils n'ont point tué Brangien et s'en retournent la chercher dans la forêt. Iseut et Brangien sont émues par leurs retrouvailles.

6. Le grand pin

Les barons du roi Marc ayant découvert la liaison de Tristan et Iseut, décident de les dénoncer au roi. Le roi devient alors méfiant et se met à épier Tristan et Iseut, sans parvenir à les surprendre. Dans le doute, il demande à Tristan de partir quelque temps loin de Tintagel. Tristan ne parvient pas à s'éloigner d'Iseut et s'arrête dans le bourg de Tintagel, blessé par amour cette fois-ci. Grâce aux ruses de Brangien, les amants parviennent à se retrouver régulièrement dans un verger situé derrière le château, au pied d'un grand pin. À travers la joie retrouvée d'Iseut, les barons comprennent que les amants continuent à se voir, et décident de faire appel au nain Frocin qui pratique la sorcellerie. Celui-ci propose au roi Marc de se cacher dans les branchages du grand pin s'il veut surprendre les deux amants. Au moment de se retrouver, Tristan et Iseut aperçoivent le roi dans le grand pin et tiennent alors des discours anodins, pour lui faire croire qu'ils ne sont pas amants.

7. Le nain Frocin

Convaincu à présent de l'innocence de Tristan, le roi Marc le fait revenir au château. Mais les barons surprennent encore les deux amants et veulent que le roi chasse à nouveau Tristan. Le souverain, qui ne veut pas perdre ses barons, fait appel au nain Frocin qui prépare une nouvelle ruse : il propose à Marc d'envoyer Tristan porter une lettre au roi Arthur, afin de surprendre les amants lorsque Tristan voudra s'entretenir avec Iseut avant son départ. Durant la nuit, le nain répand de la farine entre le lit de Tristan et celui de la reine, étant sûr de retrouver les empreintes de Tristan le lendemain matin. Mais Tristan qui est réveillé, comprend que Frocin lui tend un piège. Une fois le roi et le nain sortis de la chambre, il saute sur le lit du roi afin d'aller voir Iseut en évitant la farine. Lorsque le roi et les barons reviennent dans la chambre, Tristan a juste le temps de rejoindre son lit, mais des gouttes de sang provenant d'une blessure à sa jambe coulent sur la farine et le trahissent. Le roi, qui remarque les traces de sang, condamne à mort les amants.

8. Le saut de la chapelle

Sur le chemin le conduisant au bûcher, Tristan convainc les valets de le laisser entrer un moment se recueillir dans une chapelle. Il en profite pour s'enfuir par la fenêtre de la chapelle donnant sur une falaise ; il est rejoint ensuite par Gorvenal. Un lépreux du nom d'Yvain propose un châtiment bien pire que le bûcher pour Iseut : la vie parmi les lépreux. Le roi Marc accepte, et la reine est emmenée par le cortège de lépreux. Tristan et Gorvenal les voient passer, et grâce à ce dernier qui parvient à tuer Yvain, Tristan s'empare d'Iseut.

9. La forêt du Morois

Les deux amants débutent alors leur vie sauvage dans la forêt du Morois. Un jour, ils tombent sur l'ermite Ogrin, les prévenant qu'ils sont en danger. Ogrin demande à Tristan de se repentir et de rendre Iseut à son mari, ce que le jeune homme refuse catégoriquement. Les barons du roi ont l'idée de détacher le chien de Tristan, Husdent, afin que celui-ci les amène jusqu'à son maître. En route, les barons abandonnent l'idée de le suivre, mais le chien parvient finalement à retrouver Tristan. Un jour, l'un des barons nommé Guenelon s'en va chasser dans la forêt du Morois. Gorvenal qui l'aperçoit, l'abat et emmène sa tête. Alors que Tristan et Iseut dorment tranquillement, un forestier les surprend et va prévenir le roi qui arrive immédiatement. En observant les amants dormir l'un à côté de l'autre séparés par une épée, ce qui est signe de chasteté, le roi les prend en pitié et décide de ne pas les tuer ; cependant, il laisse une trace de son passage. En s'éveillant, Tristan et Iseut comprennent qu'ils ont été surpris par le roi ; ils prennent peur et s'enfuient en terre de Galles.

10. L'ermite Ogrin

Tristan et Iseut réalisent peu à peu que le roi Marc a agi envers eux par compassion. Les amants décident de se repentir et s'en vont trouver l'ermite Ogrin, en lui demandant de les aider à trouver un accord avec le roi. Ogrin écrit une lettre destinée au roi que Tristan dépose sur la fenêtre de Marc.

11. Le Gué Aventureux

Après avoir lu la lettre apportée par Tristan, le roi lui répond par une missive dans laquelle il demande de lui remettre la reine au Gué Aventureux. Bien que le roi accepte que sa femme revienne auprès de lui, il demande à Tristan de s'exiler. Mais Iseut fait promettre à Tristan de rester caché quelques jours chez le forestier Orri avant de partir.

12. Le jugement par le fer rouge

Les barons félons réclament cette fois-ci au roi le jugement d'Iseut. Le roi Marc s'emporte contre eux et les congédie. Mais Iseut tient à se justifier par serment comme le demandent les barons : elle veut être jugée devant la cour du roi Marc, mais également devant le roi Arthur et ses chevaliers afin que ceux-ci soient témoins de son serment. Iseut envoie son valet

Perinis le Blond demander à Tristan de se déguiser en pèlerin et de se présenter le jour du jugement à la Blanche-Lande. Le jour du serment, un chevalier demande au pèlerin, qui n'est autre que Tristan, de porter Iseut afin de l'aider à traverser le fleuve. Iseut peut ensuite jurer qu'aucun homme ne l'a tenue dans ses bras mis à part Marc et ce pèlerin.

13. La voix du rossignol

Quatre jours après le serment d'Iseut, Tristan parvient à se décider à quitter la Cornouailles. Mais en longeant le verger où les deux amants se retrouvaient autrefois, la tentation est trop forte, et Tristan s'approche de la fenêtre de la reine en imitant le chant du rossignol. Iseut reconnaît immédiatement la voix de Tristan et sort de la chambre pour le retrouver. Les jours qui suivent, ils continuent à se voir secrètement comme autrefois jusqu'au jour où un serf les aperçoit et va prévenir les barons félons du roi. Le lendemain, ceux-ci tentent de surprendre les deux amants, mais Tristan, les ayant repérés, parvient à en tuer deux. Iseut demande à Tristan de quitter Tintagel pour leur sécurité.

14. Le grelot merveilleux

Tristan se réfugie en terre de Galles où il est accueilli par le duc Gilain. Ému par la douleur de Tristan, le duc lui fait apporter un chien enchanté, nommé Petit-Crû. Celui-ci porte un grelot magique dont le tintement fait disparaître les peines. Tristan songe alors à l'envoyer à Iseut afin qu'elle ne souffre plus. Il demande à Gilain ce qu'il donnerait si on le débarrassait de son pire ennemi, le géant Urgan le Velu. Le roi répond qu'il donnerait à choisir parmi ses richesses. C'est alors que Tristan s'en va combattre Urgan le Velu et parvient à le tuer.

Tristan réclame donc Petit-Crû en récompense de son exploit. Le roi cède à contrecœur. Tristan fait ensuite envoyer le petit chien enchanté à Iseut. Mais un jour, celle-ci comprend que le chien est magique et que le sortilège provient du grelot; elle jette ce dernier à la mer, désirant endurer la même souffrance que son ami.

15. Iseut aux Blanches Mains

Durant deux ans, Tristan propose son service dans divers royaumes. Il n'a aucune nouvelle d'Iseut et pense que celle-ci l'a oublié. Il finit par s'arrêter en Bretagne sur la terre en ruine du duc Hoël auquel il propose ses services. Il aide alors celui-ci et son fils Kaherdin à se débarrasser de leurs ennemis. En récompense, le duc offre à Tristan la main de sa fille, nommée Iseut aux Blanches Mains. Tristan accepte et le mariage est célébré. Mais très vite Tristan regrette le mariage et se refuse à tromper Iseut. Résolu à ne pas consommer le mariage, il fait croire à sa femme que, suite à un vœu prononcé lors d'une bataille, il doit rester chaste durant un an.

16. Kaherdin

Kaherdin est en colère en apprenant que le mariage entre sa sœur et Tristan n'a pas été consommé. Tristan lui fait alors le récit de sa vie et lui confesse son amour pour Iseut la Blonde. Celle-ci, de son côté, se lamente également de ne plus avoir de nouvelles de Tristan et apprend par le comte Kariado que Tristan a pris pour épouse Iseut aux Blanches Mains. Kaherdin propose à Tristan de se rendre avec lui à Tintagel afin de voir si Iseut la Blonde l'aime toujours. Tristan demande l'aide de Dinas de Lidan pour faire porter un message à Iseut.

17. Dinas de Lidan

Celui-ci apprend à Iseut que Tristan souhaite la voir une dernière fois, ce qu'elle s'empresse d'accepter. Pendant que le cortège du roi Marc fait route en direction de la Blanche-Lande, Tristan est caché dans un fourré. En voyant passer Iseut, il se met à imiter le chant des oiseaux pour l'avertir de sa présence. Mais à cause du baron Andret, les amants ne parviennent pas à se retrouver. Le chevalier Bleheri qui aperçoit Tristan s'enfuir lui conjure de s'arrêter au nom d'Iseut la Blonde, mais celui-ci ne l'entend pas. Bleheri va prévenir Iseut de cet incident ; celle-ci est alors blessée et en colère contre Tristan. Le jeune homme finit par se déguiser en lépreux afin de se rendre à Saint-Lubin, où la reine séjourne. Iseut le reconnaît et le fait chasser. Très vite, elle se repent d'avoir agi ainsi.

18. Tristan fou

Tristan retourne en Bretagne, mais il est tellement malheureux qu'il décide de repartir peu après à Tintagel. Il se déguise en fou afin de pouvoir entrer dans le château. En évoquant divers épisodes de leur épopée amoureuse, Tristan essaye de faire comprendre à Iseut qui il est réellement, mais la jeune femme ne le reconnaît pas sous ce masque. Finalement, grâce au chien Husdent qui reconnaît Tristan et à l'anneau de jaspe vert, Iseut finit par réaliser qu'il s'agit vraiment de Tristan. Tous deux parviennent à se revoir secrètement quelques jours jusqu'à ce que deux chambrières se doutant de la ruse préviennent le baron félon Andret qui place des espions armés devant la chambre d'Iseut. Tristan, qui leur fait peur avec sa massue, parvient à revoir une dernière fois Iseut avant de s'enfuir.

19. La mort

De retour en Bretagne, Tristan est blessé par une lance empoisonnée lors d'un combat. Nul ne parvient à le guérir, et sentant que sa fin approche, il souhaite revoir Iseut. Il demande à Kaherdin d'aller la trouver afin de la ramener à son chevet. Tristan lui demande de hisser la voile blanche de la nef s'il revient avec Iseut, et dans le cas contraire, de hisser la voile noire. Mais Iseut aux Blanches Mains, qui a entendu leur conversation, décide de se venger. Kaherdin convainc Iseut la Blonde de se rendre avec lui en Bretagne, et l'emmène sur sa nef. Iseut aux Blanches Mains, qui guette leur retour, ment à Tristan en lui annonçant que la voile de la nef est noire. À cette annonce, Tristan se laisse emporter par la mort. En arrivant, Iseut apprend le décès de Tristan ; elle se rend auprès de lui et se laisse mourir à son tour. Le roi Marc fait enterrer les deux amants dans la même chapelle. Une ronce jaillit de la tombe de Tristan, s'élève et retombe dans celle d'Iseut. Les gens du pays ont beau couper la ronce, elle ne cesse de repousser.

LES RAISONS DU SUCCÈS

Au XIIe siècle, la littérature française rencontre un grand prestige en Europe. La France n'était pas telle qu'on la connaît aujourd'hui ; en effet, elle se présentait de façon morcelée, en plusieurs royaumes. C'est à la cour d'Aliénor d'Aquitaine et à celle de sa fille, Marie de Champagne, que les œuvres principales de la littérature du Moyen Âge ont été composées.

À cette époque, lorsque les versions les plus connues de la légende de Tristan et Iseut ont été composées, la mode est à la littérature dite « courtoise », une littérature qui se caractérise par le culte de l'amour (la « fin'amor ») et des exploits chevaleresques. Chrétien de Troyes est le représentant par excellence du roman courtois. Ses romans, tels que *Perceval ou le Conte du Graal* ou encore *Yvain ou le Chevalier au Lion*, sont typiques de ce genre littéraire. Marie de France et ses lais, ou Rutebeuf et sa poésie incarnent, quant à eux, parfaitement la poésie courtoise. Les romans courtois se décomposent en deux branches principales, à savoir la matière de Rome (ou antique) et la matière de Bretagne, à laquelle la légende de Tristan et Iseut est souvent associée.

Cette légende, qu'on doit entre autres à Béroul et Thomas d'Angleterre, s'intègre parmi cette littérature courtoise dans le sens où Tristan et Iseut vivent un amour absolu et où Tristan réalise un certain nombre d'exploits chevaleresques. Cependant, l'amour vécu par Tristan et Iseut se trouve quelque peu en marge de la définition du véritable amour courtois, de l'idéal courtois. En effet, dans la pure tradition courtoise, la femme, affichant souvent un comportement dédaigneux et hautain, représente l'objet du désir que l'homme doit tenter de conquérir ; mais il s'agit d'un désir maîtrisé. Cependant, Tristan et Iseut sont incapables de maîtriser leur désir, un désir qui est ici réciproque, et sont sans cesse en quête de jouissance, ce qui est en total désaccord avec la conception de l'amour courtois. De plus, l'amour de Tristan et Iseut est la conséquence de l'absorption du philtre : il s'agit d'un amour perverti en quelque sorte. D'une manière générale, les codes courtois sont remaniés. Ainsi, lorsque les romans de Tristan sont composés au XIIᵉ siècle, ce contraste avec la tradition courtoise a pu agir comme une provocation, faisant l'objet de virulentes critiques. D'ailleurs, Chrétien de Troyes aurait écrit son roman *Cligès* en réaction à l'amour tristanien, roman qu'on a même qualifié d' « anti-Tristan ».

Ce n'est donc pas sous la forme du *Roman de Tristan et Iseut* écrit par Joseph Bédier que la légende s'est diffusée pendant des siècles, dans le monde entier, rencontrant un grand succès.

A l'époque médiévale, les romans étaient destinés à être lus. Ainsi, le public auquel s'adressait cette littérature courtoise était un public de cour, une élite constituée d'hommes et de femmes qui se faisaient lire les textes par des trouvères et des troubadours. Durant tout le Moyen Âge, de nouvelles versions de *Tristan* se sont répandues dans toute l'Europe. Mais la diffusion de la légende de Tristan et Iseut dépasse rapidement le cadre strictement littéraire, et se transmet également par l'image.

Avec le scandale provoqué par l'opposition à l'amour courtois traditionnel, l'histoire de Tristan et Iseut a sans doute rapidement fasciné le public. Les preuves de ce succès sont apparentes à travers le nombre de traductions et d'adaptations qui ont été faites des romans de Béroul et de Thomas, mais aussi à travers le nombre d'allusions à la légende dans les textes littéraires à partir du XIIᵉ siècle (chansons courtoises, récits brefs, romans du XIIIᵉ siècle...). C'est notamment grâce au *Tristan en prose*, composé au XIIIᵉ siècle, que le mythe a pu se transmettre, car de nombreuses éditions imprimées de ce roman sont produites à la fin du XVᵉ siècle et au début du XVIᵉ siècle. Mais après le Moyen Âge, la légende de

Tristan et Iseut et les romans arthuriens en général s'éclipsent pendant une longue période. Il faut attendre le XIXe siècle pour que les textes médiévaux soient redécouverts et remis au goût du jour grâce au mouvement romantique, notamment en littérature, en poésie et en peinture. Et c'est surtout à la fin du XIXe siècle, notamment grâce à l'opéra de Richard Wagner intitulé *Tristan und Isolde*, qu'un regain d'intérêt se dessine pour Tristan et Iseut. La preuve la plus évidente de cet intérêt est justement la publication du *Roman de Tristan et Iseut* par Joseph Bédier au tout début du XXe siècle. Tristan et Iseut sont devenus un véritable mythe où l'on puise encore aujourd'hui dans divers domaines (cinéma, théâtre, opéra, littérature…).

LES THÈMES
PRINCIPAUX

Le thème principal du *Roman de Tristan et Iseut* est l'amour. Il s'agit d'un amour-passion dont les deux amants sont victimes.

L'amour qui unit Tristan et Iseut n'est pas naturel, dans le sens où les deux protagonistes n'éprouvent pas ce sentiment amoureux de manière spontanée. En effet, c'est le philtre magique qu'ils absorbent sur la nef les ramenant à Tintagel qui unit à jamais les deux jeunes gens dans une violente passion. Même s'il est possible que le sentiment amoureux ait fait son apparition avant l'absorption du philtre, celui-ci agit tel un révélateur de la passion et du désir, ce qui est évoqué au début du chapitre quatre par la mère d'Iseut, qui a concocté le philtre : « Car telle est sa vertu : ceux qui en boiront ensemble s'aimeront dans tous leurs sens et de toute leur pensée, à toujours, dans la vie et dans la mort ». L'amour qui lie les deux amants est donc un amour forcé, qui s'impose à eux de façon inéluctable.

La violence de cet amour-passion est démontrée tout au long du récit. Les amants ont beau essayer de lutter contre cet amour, ils n'y parviennent pas.

Premièrement, cet amour s'accomplit contre la loi, entraînant diverses trahisons. En effet, Tristan et Iseut continuent à vivre leur passion alors qu'Iseut a épousé le roi Marc : il s'agit donc d'un amour adultère. Iseut trahit son mari, et Tristan trahit son oncle ; il en vient même à enlever Iseut.

Deuxièmement, leur amour est plus fort que l'exil. Lors de leur séparation, les deux amants ne cessent de penser l'un à l'autre et ne parviennent pas à sortir de leur souffrance. Tristan essaye toutefois d'oublier Iseut la Blonde en épousant Iseut aux Blanches Mains, mais il ne parvient pas à tromper Iseut la Blonde, et le mariage n'est pas consommé. Ne supportant pas la séparation, Tristan finit toujours par revenir auprès d'Iseut par un moyen ou un autre (en se déguisant, en se cachant…).

Enfin, cet amour défie les lois de la mort. Blessé à mort, Tristan n'attend plus que la venue d'Iseut à son chevet. Mais croyant qu'elle ne viendra pas, il se laisse mourir. Lorsqu'Iseut apprend la terrible nouvelle, elle succombe à son tour, ne supportant pas l'idée de survivre à son amant. La ronce qui jaillit du tombeau de Tristan pour s'enfoncer ensuite dans celui d'Iseut est le symbole même de l'amour qui survit dans la mort. Chaque fois que la ronce est coupée, elle repousse, ce qui démontre bien la force et l'indestructibilité de l'amour qui unit les deux amants.

Durant leur vie, cet amour est une source continuelle de souffrance, ne menant jamais au vrai bonheur. D'ailleurs la servante Brangien affirme à la fin du chapitre quatre que cet amour est indissociable de la douleur : « Mais non, la voie est sans retour, déjà la force de l'amour vous entraîne et jamais plus vous n'aurez de joie sans douleur ». D'ailleurs, la violence de cet amour qui unit Tristan et Iseut est telle que celui-ci ne peut que les conduire à la mort. On se rend compte que celle-ci représente finalement le seul lieu où l'amour des deux amants peut se vivre véritablement, sans contraintes et sans douleur.

Le thème de l'amour dans le roman est donc indissociable du thème de la mort ; d'ailleurs, tout au long du récit il est souligné que cet amour ne fera que mener les amants à la mort.

Hormis le thème de l'amour, des thèmes secondaires parcourent le roman, mais ceux-ci restent malgré tout intimement liés au thème principal.

Le merveilleux de type féerique, emprunté à la matière de Bretagne, imprègne tout le roman. D'une part, le philtre, élément principal du récit, sans lequel l'amour entre Tristan et Iseut n'aurait pas eu lieu, du moins pas de la même manière, est lui-même un élément de nature purement merveilleuse.

En effet, la reine d'Irlande concocte ce breuvage à l'aide de diverses herbes et plantes et le dote d'une force magique. Le caractère magique du philtre est d'ailleurs précisé au début du chapitre quatre par l'expression « par science et magie ».

D'autre part, des êtres surnaturels ou magiques font leur apparition tout au long du récit, se mêlant aux humains : la reine d'Irlande, mais aussi Iseut qui guérit Tristan grâce à des remèdes secrets, le nain magicien Frocin, le géant Morholt, le dragon, le chien Petit-Crû portant un grelot qui apaise le chagrin…

Le thème de la nature est omniprésent dans le récit, toujours lié de près ou de loin à l'amour unissant les deux amants. Elle apparaît souvent comme une force agissante, de façon positive ou négative envers le couple.

Tout d'abord, la mer joue un rôle primordial dans le roman. C'est grâce à la mer que Tristan survit à sa blessure mortelle, puisque la mer l'amène auprès d'Iseut la Blonde qui parvient à le guérir. Mais c'est également en pleine mer que les deux amants unissent leur destin en consommant le philtre. Lorsque Tristan retourne auprès d'Iseut tout au long du récit, il lui faut à chaque fois traverser la mer. Cependant, celle-ci ne permet pas aux amants de se retrouver vivants une dernière fois, puisqu'elle freine le retour d'Iseut en alternant des périodes de tempête et de calme. Elle empêche donc Iseut de rejoindre Tristan à temps pour tenter de le guérir. La mer semble posséder un caractère double: elle permet à la fois aux amants de se connaître, de se réunir, de s'aimer, mais elle s'oppose à leur ultime réunion, les menant tous deux à la mort.

La forêt est également un espace important dans l'histoire de Tristan et Iseut. Elle représente le lieu de l'exil puisque les amants s'y réfugient lors de leur fuite, mais aussi le lieu de la peur car Tristan et Iseut vivent dans la crainte constante de se faire surprendre. Il s'agit d'un lieu de précarité, mais les amants sont insensibles à ce mode de vie précaire grâce à la force de leur amour. D'autre part, le verger dans lequel ils se retrouvent en cachette apparaît comme leur complice, un témoin bienveillant de leur amour.

Enfin, le thème de la maladie et celui de la blessure se retrouve à plusieurs reprises dans le roman. D'une part, la blessure physique de Tristan n'est en réalité que le reflet de sa blessure d'amour, plus profonde. D'autre part, Tristan se déguise en lépreux ainsi qu'en fou pour approcher Iseut, la lèpre et la folie étant ici le symbole de la maladie d'amour, bien plus incurable. Les déformations du corps causées par la lèpre sont des métaphores de la passion dévorante du couple, tout comme la transformation radicale de Tristan se faisant passer pour un fou symbolise la folie induite par la passion amoureuse qui les unit.

ÉTUDE DU
MOUVEMENT
LITTÉRAIRE

La littérature courtoise dans laquelle s'inscrit *Le Roman de Tristan et Iseut*, trouve son origine poétique dans la poésie lyrique des troubadours aux XIe et XIIe siècles. À ce titre, le plus ancien troubadour que nous connaissons est le dénommé Guillaume IX de Poitiers (1071-1127) qui est Comte du Poitou et Duc d'Aquitaine. Les troubadours (de langue d'Oc) et les trouvères (de langue d'Oïl) sont des poètes et musiciens médiévaux qui font l'éloge de l'amour courtois.

Ensuite les premiers romans courtois apparaissent, se divisant en deux grandes catégories : les romans « antiques » et les romans « bretons ». Les romans « antiques » tels que *Le Roman d'Alexandre*, *Le Roman de Thèbes*, ou encore *Le Roman de Troie*, s'inspirent de faits historiques antiques, mais où les femmes jouent un rôle primordial. Les romans « bretons », comme les romans de Chrétien de Troyes, sont dominés par la figure emblématique du roi Arthur ainsi que par les chevaliers de la Table Ronde qui accomplissent sans cesse de nouveaux exploits ; ils se déroulent en « Bretagne » (qui n'est pas la Bretagne d'aujourd'hui). Les personnages de la littérature courtoise évoluent bien souvent dans un monde merveilleux de type féerique où des êtres surnaturels ou magiques font leur apparition (des fées, des nains, des géants, des dragons, des magiciens…).

Ce genre littéraire s'inspire idéologiquement de la tradition latine, notamment du poète Ovide et de son œuvre intitulée *L'Ars amatoria* (*L'Art d'aimer*) qui se présente comme une initiation à l'art d'aimer et de séduire les femmes. Aussi cet idéal d'amour est peut-être influencé par le culte voué à la Vierge Marie. Les romans courtois s'inspirent également de sources d'ordre folklorique, dans le sens où les poètes piochent leurs éléments dans un fond culturel commun, ce qu'on nomme un topos.

Jusqu'alors, le chevalier combattait au service de Dieu,

de son seigneur ou de son pays (comme c'est le cas dans les chansons de geste), mais la littérature courtoise révolutionne considérablement cette conception en ajoutant à l'idéal chevaleresque un idéal amoureux désigné par l'expression « fin'amor » signifiant « amour parfait ». Le chevalier doit se surpasser alors au combat pour sa dame, il ne se laisse pas dominer par ses désirs charnels et doit conquérir le cœur de la femme aimée de noble manière. L'amant courtois est complètement soumis à sa dame, il doit mériter son amour en enchaînant toute une série d'épreuves chevaleresques (souvent imposées par la dame), faisant de lui un guerrier héroïque.

Cet idéal décrit dans la littérature courtoise est en réalité l'idéal des gens de cour ; il représente un véritable modèle à suivre. D'ailleurs, le terme « courtois » est en rapport étroit avec les gens de cour puisqu'il signifie initialement « qui vient de la cour ». La courtoisie désigne alors une certaine manière de parler et d'agir qui prend en compte la présence des dames. Le rapport entre les sexes, et les rapports sociaux de façon générale, ont été véritablement révolutionnés avec l'amour courtois. La cour imaginaire du roi Arthur dans les romans bretons devient le modèle à suivre pour les cours réelles.

DANS LA MÊME COLLECTION
(par ordre alphabétique)

- **Anonyme**, *La Farce de Maître Pathelin*
- **Anouilh**, *Antigone*
- **Aragon**, *Aurélien*
- **Aragon**, *Le Paysan de Paris*
- **Austen**, *Raison et Sentiments*
- **Balzac**, *Illusions perdues*
- **Balzac**, *La Femme de trente ans*
- **Balzac**, *Le Colonel Chabert*
- **Balzac**, *Le Lys dans la vallée*
- **Balzac**, *Le Père Goriot*
- **Barbey d'Aurevilly**, *L'Ensorcelée*
- **Barbey d'Aurevilly**, *Les Diaboliques*
- **Bataille**, *Ma mère*
- **Baudelaire**, *Les Fleurs du Mal*
- **Baudelaire**, *Petits poèmes en prose*
- **Beaumarchais**, *Le Barbier de Séville*
- **Beaumarchais**, *Le Mariage de Figaro*
- **Beauvoir**, *Mémoires d'une jeune fille rangée*
- **Beckett**, *Fin de partie*
- **Brecht**, *La Noce*
- **Brecht**, *La Résistible ascension d'Arturo Ui*
- **Brecht**, *Mère Courage et ses enfants*
- **Breton**, *Nadja*
- **Brontë**, *Jane Eyre*
- **Camus**, *L'Étranger*
- **Carroll**, *Alice au pays des merveilles*
- **Céline**, *Mort à crédit*
- **Céline**, *Voyage au bout de la nuit*

- **Chateaubriand**, *Atala*
- **Chateaubriand**, *René*
- **Chrétien de Troyes**, *Perceval*
- **Cocteau**, *Les Enfants terribles*
- **Colette**, *Le Blé en herbe*
- **Corneille**, *Le Cid*
- **Crébillon fils**, *Les Égarements du cœur et de l'esprit*
- **Defoe**, *Robinson Crusoé*
- **Dickens**, *Oliver Twist*
- **Du Bellay**, *Les Regrets*
- **Dumas**, *Henri III et sa cour*
- **Duras**, *L'Amant*
- **Duras**, *La Pluie d'été*
- **Duras**, *Un barrage contre le Pacifique*
- **Flaubert**, *Bouvard et Pécuchet*
- **Flaubert**, *L'Éducation sentimentale*
- **Flaubert**, *Madame Bovary*
- **Flaubert**, *Salammbô*
- **Gary**, *La Vie devant soi*
- **Giraudoux**, *Électre*
- **Giraudoux**, *La Guerre de Troie n'aura pas lieu*
- **Gogol**, *Le Mariage*
- **Homère**, *L'Odyssée*
- **Hugo**, *Hernani*
- **Hugo**, *Les Misérables*
- **Hugo**, *Notre-Dame de Paris*
- **Huxley**, *Le Meilleur des mondes*
- **Jaccottet**, *À la lumière d'hiver*
- **James**, *Une vie à Londres*
- **Jarry**, *Ubu roi*
- **Kafka**, *La Métamorphose*
- **Kerouac**, *Sur la route*
- **Kessel**, *Le Lion*

- **La Fayette**, *La Princesse de Clèves*
- **Le Clézio**, *Mondo et autres histoires*
- **Levi**, *Si c'est un homme*
- **London**, *Croc-Blanc*
- **London**, *L'Appel de la forêt*
- **Maupassant**, *Boule de suif*
- **Maupassant**, *Le Horla*
- **Maupassant**, *Une vie*
- **Molière**, *Amphitryon*
- **Molière**, *Dom Juan*
- **Molière**, *L'Avare*
- **Molière**, *Le Malade imaginaire*
- **Molière**, *Le Tartuffe*
- **Molière**, *Les Fourberies de Scapin*
- **Musset**, *Les Caprices de Marianne*
- **Musset**, *Lorenzaccio*
- **Musset**, *On ne badine pas avec l'amour*
- **Perec**, *La Disparition*
- **Perec**, *Les Choses*
- **Perrault**, *Contes*
- **Prévert**, *Paroles*
- **Prévost**, *Manon Lescaut*
- **Proust**, *À l'ombre des jeunes filles en fleurs*
- **Proust**, *Albertine disparue*
- **Proust**, *Du côté de chez Swann*
- **Proust**, *Le Côté de Guermantes*
- **Proust**, *Le Temps retrouvé*
- **Proust**, *Sodome et Gomorrhe*
- **Proust**, *Un amour de Swann*
- **Queneau**, *Exercices de style*
- **Quignard**, *Tous les matins du monde*
- **Rabelais**, *Gargantua*
- **Rabelais**, *Pantagruel*

- **Racine**, *Andromaque*
- **Racine**, *Bérénice*
- **Racine**, *Britannicus*
- **Racine**, *Phèdre*
- **Renard**, *Poil de carotte*
- **Rimbaud**, *Une saison en enfer*
- **Sagan**, *Bonjour tristesse*
- **Saint-Exupéry**, *Le Petit Prince*
- **Sarraute**, *Enfance*
- **Sarraute**, *Tropismes*
- **Sartre**, *Huis clos*
- **Sartre**, *La Nausée*
- **Senghor**, *La Belle histoire de Leuk-le-lièvre*
- **Shakespeare**, *Roméo et Juliette*
- **Steinbeck**, *Les Raisins de la colère*
- **Stendhal**, *La Chartreuse de Parme*
- **Stendhal**, *Le Rouge et le Noir*
- **Verlaine**, *Romances sans paroles*
- **Verne**, *Une ville flottante*
- **Verne**, *Voyage au centre de la Terre*
- **Vian**, *L'Arrache-cœur*
- **Vian**, *L'Écume des jours*
- **Voltaire**, *Candide*
- **Voltaire**, *Micromégas*
- **Zola**, *Au Bonheur des Dames*
- **Zola**, *Germinal*
- **Zola**, *L'Argent*
- **Zola**, *L'Assommoir*
- **Zola**, *La Bête humaine*
- **Zola**, *Nana*
- **Zola**, *Pot-Bouille*